Las aventuras de Juan Lázaro

Las aventuras de Juan Lázaro

Rafael Yuste Oliete
poemas

Ricardo Pedro Polo Cutando
ilustraciones

PREGUNTA

Noviembre de 2024
primera edición

Rafael Yuste Oliete
poemas

Ricardo Pedro Polo Cutando
ilustraciones

Pregunta Ediciones
edita

RPPC
maquetación y diseño

978-84-19766-61-8
ISBN

Z-1997-2024
depósito legal

Estilo Estugraf Impresores
imprime

A mis padres, María Carmen y Rafael
Rafael

A mi familia
Ricardo

La balada de Juan Lázaro

A mis abuelas, Saturnina y Filomena

A cierta edad, la muerte
es apenas un despojo animal.
Podías saltar sobre ella,
sobre el cuero pelado agarrado a las costillas.

A cierta edad la violencia huele a ontina

(había una morera aislada
al final de una rambla seca).

Cerca están las lomas grises que llaman
Los Elefantes: duerme la manada;
que nadie se distraiga.

La alberca en lentas espirales,
la eternidad sin memoria escurriéndose
gota a gota, a media tarde;

el tiempo se reúne en esta orilla
atento al despertar de los anfibios.

De lo profundo del bosque endulzado
de higueras
            de huellas
                        de amantes

un vago rumor de agua nos delata.

Hoy hay brumas que divagan,
la val reposa e hipnotiza,
nada opone resistencia

El barranco es una tumba y una pajarera abierta.
Qué cobarde el pensamiento enjaulado
en la grandeza de la muerte.

Las piedras me llevaron a los pájaros.

La guerra de los Pájaros

A mis abuelos, Salvador y Rafael

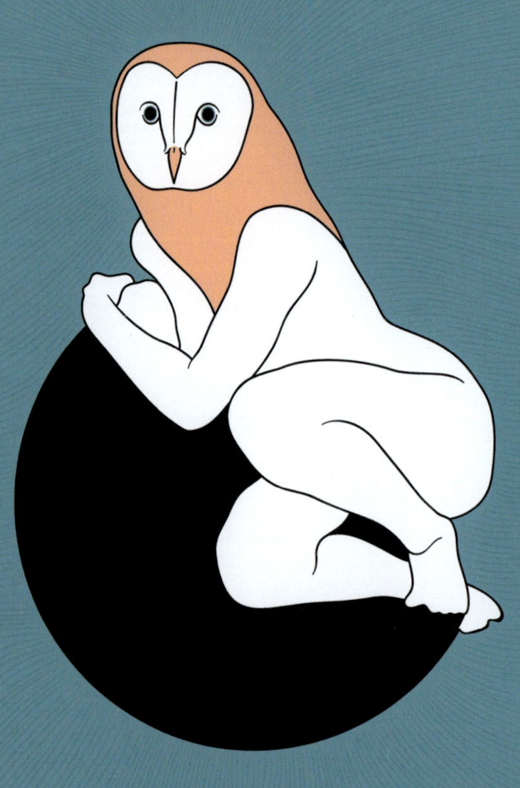

El convoy es la vida, el convoy es el fin.
Mirad con qué descaro la belleza
nos observa.

Los cormoranes se dispersan sobre el llano.
Podría morir hoy mismo,
en esta mañana clara.

La mañana está fresca
y hay un buitre embozado
a punto de elevar nuestra plegaria.

Recoger los muertos
que la noche dejaba en las trincheras
significaba sobrevivir al desánimo
que sólo provocan los vivos.

Los muertos tenían dinero
y pequeños objetos personales.
Mis botas a cambio de sus zapatos.

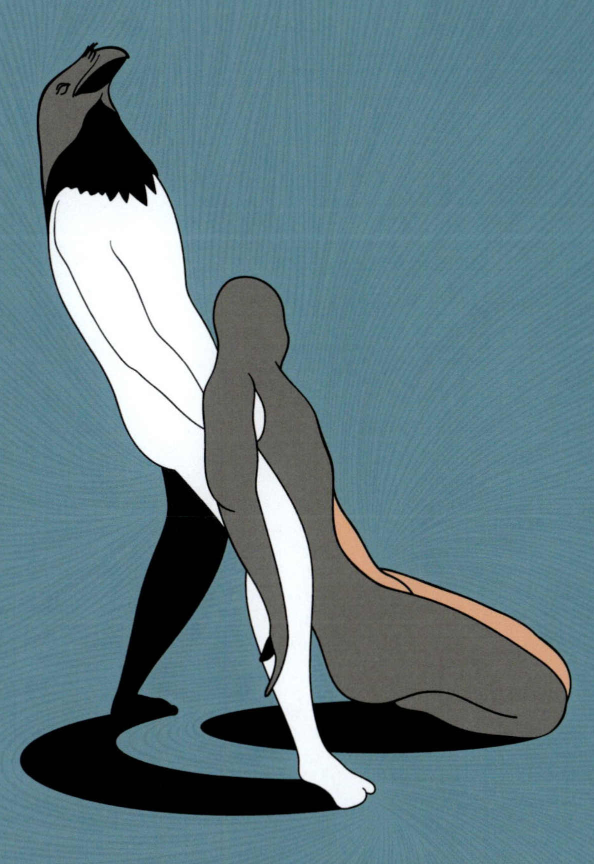

Nieva en el soto,
arde mi pecho (enfermo)
de petirrojo.

Perdona que me atrinchere,
como el mirlo,
que se esconde.

Abril, el cuco ha vuelto a la Alcarruela.

Imagínatelo.
¡Cuánta fe hay en su canto!

Presiento la muerte en forma de alondra.

Acerca del valor en la batalla.

Agachad la cabeza,
gritádselo a los compañeros.
Pelead como si existiéramos.
Por amor, porque sin amor no hay gloria.

Apuré un trago
en una charca
y eché a volar.

Perro.
Confesiones de un cinocéfalo

A Leónidas, Chispas, Rubio, Canelo,
Argón 39,94 y, sobre todo, a Runa

Prólogo

Para Juan Lázaro, el final de la guerra de los Pájaros fue un disparo que le acertó de lleno por la espalda. Le pilló desprevenido y solo. Alguien lo encontró tendido sobre un charco, en mitad de un camino, todavía con vida, y lo trasladó hasta un hospital de campaña, donde inició la recuperación. Fueron meses de semiinconsciencia en los que afloraron recuerdos ajenos a la inmediatez de los combates.

Bochorno,
qué grave es tu sonido entre los pinos.

Anduve hasta las seis al descubierto,
después tomé una rambla.
La tierra murmuraba sus encantos
en privado.

Olía a chopo,
a tierra perfumada de ribera,
el grupo regresaba, guardábamos silencio,
olfateábamos,
salíamos corriendo,
nos delataba el entusiasmo.

Los dioses nos envidian por cosas como éstas.

Por amor seguí su rastro
(«siempre»)
y desaparecí
enamorado.

Existo si obedezco al movimiento.

Perros que alcanzáis la serenidad
en la carrera, jaurías felices,
llamadme Perro.

Dog in blues.

Te muerdo y me lamento,
sufro de
licantropía.

Cambiar, a dentelladas,
pero cambiar,
porque la vida nos acecha.

Vivir entre pastores y dormir
sin miedo
en el corral de la cañada Blanca.

Cueva Negra, mas del Gato, tollo del Pobre, loma del Zorro,
cabezo del Diablo, Salto del Ciervo, La Mina, Escoz…

… monte animal y femenino
donde vencer la canícula.

A veces soy feliz,
a la espera.

Merece la pena estar y
sentir cuándo la tierra se calienta,

quién sabe si hay amantes que volvieron
de algún modo, de tan adentro.

Hospital militar en retaguardia.
Muestro mi carta: un siete de bastos;
ella sonríe, se llama Nausícaa.

Hoy vuelvo a la manada.

Ella
me entrega este cuaderno con palabras
dice
convalecientes.

Epílogo

Los cinocéfalos son seres con cabeza perruna y cuerpo similar al nuestro. Hay quien sugiere que hubo tribus de esta especie en la costa de Libia y en las islas de Andamán, en el océano Índico. Resulta curioso, al menos, esa relación de los hombres perro y el mar: el hombre perro sería al mar y a la tribu como el hombre lobo es a la soledad y a las montañas. También hubo avatares de dioses y semidioses con ese aspecto. En estos híbridos sagrados la parte animal glorifica a la muerte y los pone en contacto con el mundo de ultratumba; por el contrario, su cuerpo sigue atado al instinto y teme por la vida. Se mueven entre dos mundos y esa es la razón de ser guías, porteadores y nodrizas al cuidado de quien desconoce el camino y sus peligros. Hubiese jurado que quien me salvó la vida era feo como un perro inglés y que tenía las manos grandes, de poeta.

Hay algo más:

Perros hambrientos,
perros sumisos,
perros sin nombre:
guardaos del palo que vence al perro.

Historia de Bruck

Hay cinco océanos
y más de sesenta nombres de mares
distintos: hay mares de litoral,
mares abiertos, marginales y periféricos.
Hay mares interiores y cerrados,
igual que lagos.

Hay islas que son como las ballenas,
se mueven, devoran tristeza;
como el amor que también nos engulle

y nos lleva.

Llorábamos por otro,
llovía con ternura, ingrávida empatía,
eres la piel y la consciencia.

Lo conocí en una cocina, tierra adentro,
hasta entonces había sido poeta descriptivo, táctil.

Bruck, todo corazón,
farfullando versos
como quien pacta en secreto su fe
en la vida: creer, rezar, latir,
creer, rezar, latir, creer, rezar

hasta desplomarse ebrio de existencia.

Mírame a los ojos y dime si aún la quiero.
Aspiré profundamente, no supe
qué contestar.
Callé que un amigo nunca defrauda,
que estaba allí para juzgarle.

No volví a fumar marihuana con Bruck.

El cuerpo aparece (y desaparece).
Improvisamos, somos un reflejo,

el brillo de la luz sobre las aguas.

Por fin hablábamos de desamor,
de los embrujos de Circe, de nuestra
condición animal y rutinaria,
del viaje, del ingenio, de la nada.

A nuestros pies
el mundo entero era playa y pereza.

Viruta de mar, quién como una diosa
eternamente infiel al desayuno,
necesidad sin impurezas.

Creo en tu inteligencia,
en todo lo que significa
el movimiento.

Nihil infinitum est nisi Oceanus.

Querido Bruck,
los últimos días en la isla fueron
soleados y amables. Cocinaste,
brindamos, yo pensando en las medusas,
hubo paz y embarcamos sobre el mar,
drapeado, ceñido a la cintura
femenina de la tierra. *Qué pena*
da despertar.

Frío y romántico

Persigo a una corza por el maizal.
En mi cabeza suena *You Are My Sunshine*,
interpretada por Norman Blake.
Pero es tarde (la luz menos intensa
es más veraz) y nada hace pensar
que pueda darle alcance.

Estoico y encanecido, mi cuerpo
pesa, me necesita,
quiere saber.
Su cansancio me pertenece.

Mengua de enero.
Los picadores afilan sus hachas.
El bosque calla poblado de espectros.
Mastico para evitar la nostalgia.
Juro que fui feliz,
que estoy tranquilo, que no me arrepiento.

Se manejaba bien con la tristeza.
Tenía encanto,
era locuaz,
salvo en la cadencia de sus manos.

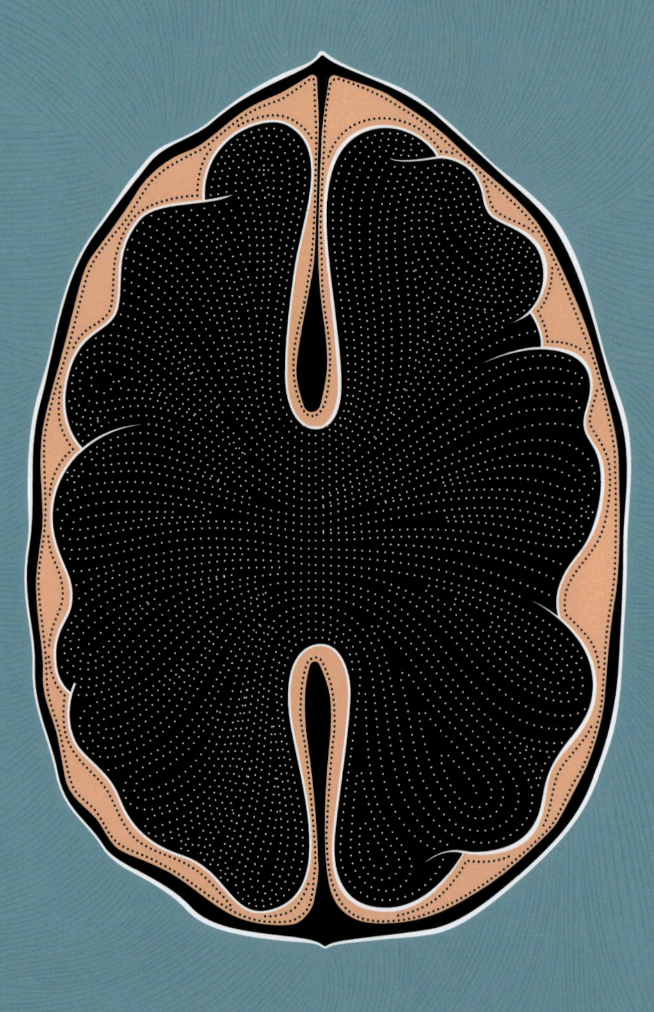

Nos tuvimos. (Apenas si fue nada,
apenas será nada). El amor es
el tiempo.

No hubo crueldad alguna entre nosotros,
en esa mezcla
de egoísmo y prudencia compartida.
Nos faltó la fe, eso es todo,
desde el principio.

Te busco todavía. Te niego vigilante.
Puta culebra,
solo es el viento.

El viento que no cesa
lame la tierra,
nunca desea.

Belleza que se filtra y precipita
en las hondas cavidades del alma.

La selva mineral en sus pupilas.

Sibila de ojos verdes, todo es uno.

Fue mirar y olvidar cualquier futuro.

La niebla señala dónde está el valle.
Los nidos quedan entre tanta nada
al descubierto.
La tierra sueña inmersa en la galaxia.
Es el invierno.

Sé que me iré de esta vida temblando.

Se quiere siempre.

Camino y muerte de Juan Lázaro

Caminamos sobre la piel del cíclope.

Nada. La tierra seca se resiste.

Arcilloso.
Cruel.
Polvoriento.

Así me siento. Tu cansancio es el mío.

Regreso a ti
en mi avatar de insecto acorazado,
sin nada más que el estiércol a cuestas,
a ras de suelo.

Cuerpo a cuerpo, tal y como aprendimos.

Perdóname,

amada y amante, temo decirte.
(Decir *te quiero,*

casi tanto como decirte adiós).

Sé que el caos y el orden son autores
de hazañas infinitas,
que su amor por las cosas
es verdadero. En cambio, yo

no tengo la eternidad suficiente.

Eterna es la espiral en movimiento,
cualquier forma abstracta y reemplazable.

Mi camino es el cuerpo: eternidad y olvido.
Ficción
para celebrar el final
y debutar. Por siempre.

Cuerpo que habita lemas mercenarios.
Valor y libertad.
Evolución y sacrificio.

Ridículo.
Desesperado.
Eterno, siempre que muera por ti.

Sus ojos irrumpieron en la noche,
tan fría, tan débil como ella.

Su brillo era más negro todavía.

Como un nido de musgo y hojarasca:
vegetal y pequeño.

Aquel tímido animal era mi hijo.

Del brote, un temblor:
serás amado
o no serás.

Mi padre será siempre aquel espectro
que siempre me persiga. Mi madre, cualquier flor
atenta a mi regreso en la cuneta.

Amado sin reservas, amante insatisfecho.

Terca pasión.

Desearía evitar este cáliz.

Ahogar de una vez mis pensamientos.

Despertar sin nada más que pereza,
sin otra pretensión que el movimiento.

Vivir con la gravedad de los que aman.

La soñé azul celeste
y yo, lunar,
ingrávido,
a punto de eclipsar aquella imagen.

Cómo olvidar lo que nunca he tenido.

Esta noche la luna cruzará la eclíptica
y en la penumbra, su brillo carmesí
concederá un deseo.
Que nada suceda, solo querer
lo que tengo.

Cómo olvidarte a ti, que me has tenido.

La primavera acecha con sus nubes.

El mundo está a la espera.

La posibilidad es su veneno.

Quién sabe qué nos sostiene. Vagamos

a través del bosque, en la piel de arena…

Sobre ti respiro.

Y qué decir.

Del fracaso, de cuando el amor es
algo remoto.

De cuando hablamos de algo insustancial.
Entonces.

De los nombres de la tierra.

Mariposa *Anthocharis cardamines*.
Zumbidos.
Exprimir el panal entre los dientes
y volver a ser oso, otra vez.
El olor a ontina y a monte bajo.
La voz del valle.
Labrar: mezclar la tierra con la tierra.

Es la Iberia inocente y rencorosa.

Donde la piel, tendida al sol sobre una roca,
se extiende infinita después del baño.

Son los ríos con entrañas,
los sueños que son prisioneros

de tibias ilusiones clandestinas.

Las respuestas que sostienen cuanto amo.

La luz del día es engañosa;
arriba las estrellas envejecen.

Detente. Tengo miedo.

Allí es donde las chovas negras cantan
una verdad heroica.

Soy la esquirla que precede al vacío.

Paleoversos.
Versoestratos.

El vuelo natural de las palabras,
como el de las piedras, o el de los pájaros,
o el de la muerte.

Desplegamos las alas y volamos,
lejos, con determinación y astucia,

para construir de nuevo el laberinto.
Basta romper una rutina,
desafiar un instante
la simetría.

Al final, no son las ideas. Las expectativas se acaban.

Campana civilizadora, mi alma.

Gracias, oh Muerte,
por tu paciencia.

Respiro en paz.

Antes del final
(fantasía póstuma de Juan Lázaro)

A Martín y Aurora,
siempre inspiradores

La noche es hoy un animal enfermo.
Este cubil apesta.
El cuerpo hiede al borde del abismo.
Desde este sumidero
escribo.

Dios no aparece.
La espera se hace eterna
en este oscuro estanque que es el cosmos,
donde la palidez del alma brilla
intermitente, apenas
un tic de púlsar.

La ciudad queda al oeste.

Algunos merodeamos a su alrededor, ante la mirada vigilante de sus custodios.

Dicen que aquí no hay muerte, ni llanto, ni lamento ni dolor.

Un decir.

El alma no es para siempre, substancia
simbiótica y volátil
crepita como el fuego, protege en la intemperie.
Memoria hecha de voces que soplas al oído,
te llevo muy adentro.

Psique
ama siempre y sobre todas las cosas
inocente y ciega
mente.

He despertado al búho en la mañana
y surcado la arena y los guijarros.
He descansado el cuerpo mansamente.
Me han disparado el arco de tensión
liberadora.
Mas qué importa
                    más allá de la chispa
que prende en tu cabeza y te arrebata.

Esto es inmenso.

Solo el instinto (como alma encarnada)
renace tercamente como el fénix,
la verdad animal hecha de carne
sin otra mácula ni más urgencia
que el peso sustantivo de su gloria.

Gloria:
un nombre del amor entre luciérnagas.

Psicopompos de cabezas animales, grillas de cuerpos mestizos, constructos aberrantes, semovientes variopintos, criaturas apenas reveladas, arquetipos, custodios...

De momento, ninguna mantícora.

(ingrávida)
Un sueño es una verdad que se arrastra

Divine. *Ciudad situada en una amplia vega donde confluyen los ríos Madre y Despojo, este afluente de aquel, dividiéndose el principal, poco más adelante, en dos brazos llamados Cuervo y Ma'at, que efluyen meandriformes por la derecha y la izquierda, respectivamente, según el curso de las aguas y que, escindidos a su vez en una red de numerosos canales, forman el delta por el que desembocan en el mar del Cíngulo.*

El distrito más antiguo, conocido como Divine la Vieja o simplemente la Vieja, ocupa una pequeña elevación dominante sobre la unión de los dos ríos y a salvo de crecidas, y en ella sobresale la construcción que, según la tradición, está en el origen y es la razón de ser de la urbe: el Cubo, un gran edificio de brillos dorados e iridiscentes, cuya fundación se atribuye a distintos personajes, entre los que se citan, dependiendo de confesiones religiosas o corrientes de pensamiento creativo, a Enoc/Metatrón, al sadhu *Majabala Babaji, a los ocho inmortales, a la sibila Lina Lastra e, incluso, al lacandón Kisín, si bien la asociación de Divine con diversas ciudades legendarias, como Lyonesse, Zerzura, Kalapa, El Dorado y otras, amplía esta mitología fundacional.*

Desde esa altura axial, la ciudad parece haberse desparramado, en unas primeras fases, a lo largo de las cuatro vías que conectan con las cuatro puertas del recinto original, para ir perdiendo progresivamente cualquier tipo de trama urbana dirigida, por lo que, cuanto más alejado del centro ha crecido un sector, sobre todo, aquellos extrarradios que han superado el curso de los ríos, menor es la presencia de arterias o plazas vertebradoras, dando paso a un dédalo de calles, callejones y corredores de diversa índole, un término siempre inacabado de la ciudad que se conoce popularmente como Herética.

Divine es un gran cementerio extraviado.

La muñeca de hueso.
Incluso así, la ciudad es lasciva
porque el deseo es una forma más
de la energía, un avatar divino.

De cuando merodeaba.

La bestia emergió de repente, color rubí.

Se alzó sobre las aguas deslumbrante y exigente, como un dios antiguo, rompiendo a un tiempo la bruñida superficie líquida de mi pensamiento.

Monstruo marino y reptiliano que me invades con nostalgia, ¿eres un recuerdo desubicado y libre o la figuración de mi necesidad de tiempo, de más tiempo?

Sé que de algún modo me proteges.

Recuerda tu muerte.
No fue para tanto después de todo.
Lo peor fue el pánico,
la maldita mueca del desencanto,
ese último temblor de tanto amor.

«También hay cielo para los apóstatas.

»Como para los cándidos… y para los idiotas.

»Ese derroche de virtud inútil, la tierna cicatriz del abandono. Tened piedad. La exhibición del cuerpo no es su sacrificio, criaturas amputadas, desechos glutinosos».

Cerró su mano en un puño.

«La fe es el desierto, el océano infinito, la más gélida de las soledades».

De nuevo, con la palma abierta: «¿O es el jardín y el asfodelo?

»Escuchadme, renegados, renuentes del todo, de la nada o de una parte, del cuerpo y su apariencia o del dios que nos conoce, el sonido del mundo distorsiona».

Silencio.

Descendió del podio improvisado, envuelto en sus discípulos. Murmullos, alguna mofa, alguna ofensa. Disolución de almas.

Zumbido de élitros.
Jardín, brisa y bonanza.
Corteza de árboles y nido blanco
de cardelina.
Del cielo caen
cosas. Sonrisa
eterna
certeza
andrógina
mirada
arcaica
de ángel
o gárgola
de dios
de diosa
quién juzga
qué cosas.
Algo debemos.
Somos recuerdo.

Una vez los elohim se hubieron saciado en el banquete que Enoc les había organizado, este se levantó y con la copa sujeta en la mano y su voz grave y serena les preguntó: «¿Para qué tantos muertos?». Algunos elohim lo miraron sorprendidos mientras otros continuaban con sus chanzas, pues habían comido y bebido en abundancia. Enoc volvió a preguntarles, esta vez con voz tonante: «¡¿Para qué tantos muertos?!», y sus palabras se extendieron como la niebla sobre un mar de murmullos, hasta silenciarlos. Por tercera vez Enoc se dirigió a los elohim diciendo: «Sí, decid, ¿para qué tantos muertos?». Y ellos comprendieron, conscientes de su propia vanidad, y abandonaron este lugar para siempre.

Esta fue la Rebelión del Sheol, cuando Enoc mudó su nombre por el de Metatrón.

Y esto es lo que no cuentan los párrafos ocultos del Libro de Enoc.

El personaje, el fantasma y su máscara:

Fámulo Aquiles que fuiste
el de la ira funesta,
si es cierto el canto, el pesar,
el deseo de haber sido
un labrador simplemente,
tal vez mujer cortesana (en Escira),
cuánto aprendiste   y qué tarde
llega el arrepentimiento.

Hay zonas decadentes y hasta vacías; barrios y sectores arrasados por el tiempo o la violencia que de cuando en cuando se desata. Son llagas por donde la ciudad desaparece y, con ella, sus moradores. Allí donde el alma se acobarda ante la inminencia de la nada, donde el valor es definitivo. Sucede.

Antes del final.

… a punto de abandonar el poema,
la forma milagrosamente frágil,
no sé si el miedo, siempre especular
y extraño hasta el final,
todo sentido.

Nada está escrito, todo es desnudez.

Ilustraciones
por orden de aparición

20
23

RP
PC

«Al final me he convertido en un vendedor de piedras».
El hombre sin talento.
Yoshiharu Tsuge

Títulos publicados

PREGUNTA
ediciones

Relatos

Las pérdidas rojas. Chusa Garcés
Cuentos detrás de la puerta. Begoña Abad
Amor, blanco roto. Chusa Garcés
Letras de tinta. Lourdes Aso Torralba
Baños de Panticosa. Premios Literarios. Varios autores
Sobreexposición. Laura Bordonaba Plou
Desde el otro lado. Prosas concisas. Fernando Aínsa
Buscando los orígenes de aquello. Irene Achón, María Jesús Artigas, Alberto Delmalo, Ana García, Coral González, Anabel Hernández, Aitana Muñoz, María José Pardo, Eva Pardos, Elisa Pérez, Manuel Pinos, Pilar Royo
Brioleta. Encuentro de escritoras aragonesas. Lourdes Aso Torralba, María Pilar Benítez Marco, Elena Gusano Galindo, Chusa Garcés, Blanca Langa Hernández, Angélica Morales, Marta Navarro, Almudena Vidorreta
Los soñadores. Roberto Malo
Bilbilitanos en la historia. Ricardo Ramos Rodríguez
El dolor del cristal. Sergio Royo
Polar. Laura Bordonaba Plou
La prueba final y otras historias cortas. Ganadores del Certamen de Cuentos y Relatos Breves Junto al Fogaril
Viviendo en tiempo brutal. Sergio Royo
Contemplación. Franz Kafka
Zaragoza turbia. José María Tamparillas
Sabor metálico. Eva Pardos Viartola
Cuentos esféricos. Chema González
Canciones tristes que te alegran el día. Miguel Mena
Todo es agua. Begoña Fidalgo
Mar de lejos. Manuel Pinos
Y de repente esta lluvia. Sergio Royo
De bares y mujeres. Marta Armingol, Olga Asensio, Laura Bordonaba Plou, Clara Castán Ibarz, Begoña Fidalgo, Paula Figols, Chusa Garcés, Magdalena Lasala, Elvira Lozano, Rosa Martínez, Angélica Morales, Eva Pardos Viartola, Clara S. Mendívil, Laura Serrano
Diáspora. Isabel Gutiérrez Cía
Relatos de La Flama. María Jesús Artigas, Emilia Bayod, Marta Gascón, Clara Járboles, Merche Llop Alfonso, Abraham José Mendoza Diloy, Eva Pardos Viartola, Alfredo Pérez, Elisa Pérez Ibarra, Manuel Pinos, María José Sanjuán, Wenceslao Varona López, Gloria Verdoy
Un martes cualquiera. Laura Latorre Molins
Con voz y voto. Pioneras americanas del relato social y la ciencia ficción y tres piezas del teatro sufragista británico. Edición de Isabel Alquézar y Berta Lázaro
Todos los crímenes del mundo. Sergio Royo
Un punto de destello. Pecker

Novela

El último concierto de David Salas. Roberto Malo
Crónica de un deseo. Antonio Ventura
Verde mar del norte. Clara Castán Ibarz
La brújula del universo. Mario de los Santos
El eco entre la bruma. Ricardo Ramos Rodríguez
Las sombras del Imperio. Ricardo Ramos Rodríguez
La movida que te salvó. Mariano Pinós
Merecer la vida. Laura Serrano
Cariñena. Antón Castro
Los días blancos. Marta Armingol
Declive. Fernando Rivarés
Canciones ligeras. Miguel Mena
Hannibaal. Miguel Carcasona
Inventario de monos. Galgo Cabanas (Mario de los Santos y Óscar Sipán)
De viento y sal. Clara S. Mendívil
Jimena. Magdalena Lasala
Catorce. Paula Figols
El silencio y su canción. Ángel Gracia
Marta. Víctor Juan

La nota muerta. Rosa Martínez
Para cenar, aire. Pedro Bosqued
Las batallas perdidas. Jaime Tomás
La fugitiva. Clara Járboles
Alcohol de quemar. Miguel Mena
La casa de los dioses de alabastro. Magdalena Lasala
Tristán. La ética del monstruo. Javier Romero Collazos
Puente de Hierro. Miguel Mena
Máscara. Ricardo Ramos Rodríguez
Leopardos en el diván. Gonzalo Fontana Elboj
Lucífugo. José María Tamparillas
Bendita calamidad. Miguel Mena
La estirpe de la mariposa. Magdalena Lasala
El colapso de la colmena. Julia Jiménez Carrera
Los Hijos de Hura. Abdelrahim Kamal
Dinero caído del cielo. Reyes Salvador
No podría estar más contenta. Marisol Aznar y María Frisa
Leitmotiv. Sergio Sarsa
Profanación. Ramón Acín
Onda Media. Miguel Mena
Proyecto Sada. Javier Gastón
La vista atrás. Laura Serrano
Pájaros azules en Roma. Miguel Ángel Nievas
Alerta Bécquer. Miguel Mena
Taquicardia. Teresa Álvarez
Moncayo estrés. Miguel Mena

Poesía
Litiasis. Manuel M. Forega
Todas las religiones son una / No hay religión natural. William Blake
Estoy poeta (o diferentes maneras de estar sobre la Tierra). Begoña Abad
AntiaéreA. Encuentro poético en Zaragoza. Carmen Camacho, Alicia García Núñez, Marta Navarro, Chus Pato, Inés Povar, Miriam Reyes, Sandra Santana, Hermanas del Hambre (Elisa Berna y Charo de la Varga)
Todo estalla dicho. Elvira Lozano
La experiencia de la poesía. Ángel Guinda
AntiaéreA II. Poesía encontrada en Zaragoza. Ajo, Eva Antón Bravo, Zhivka Baltadzhieva, Isabel Bono, Javier Corcobado, Cristina Járboles, Laia López Manrique, David Mayor, Carmen Ruiz Fleta
Diez años de sol y edad (Antología 2006-2016). Begoña Abad
Alud. Javier Fajarnés Durán
Los países de piedra. Pablo Javier Pérez López
Existe algún lugar en donde nadie. Juan Pablo Roa
Te mataré mientras vivas (Coronación supersónica). Raúl Herrero
La ciudad y el cuchillo. Javier Fajarnés Durán
Vidrieras. Laurent Tailhade
El tiempo de las alambradas. Antología poética. Antonio Orihuela
Esta vida verde. Antología poética. Lyn Coffin
Las palabras son nocivas. Antología poética. Amador Palacios
Las locuras ya no son locuras. Antología poética. Ferruccio Brugnaro
El techo de los árboles. Begoña Abad
Satirologio. Epigramas del siglo XXI. José Verón Gormaz
Caballo de mina. Gerardo Vacana
Big Bang. José Luis Esteban
Los signos en el agua. Noventa y nueve poemas. Joaquín Sánchez Vallés
Avanza el olvido. Javier Ramón Jarne
Fábrica de la seda. Miguel Ángel Curiel
Casa junto al arrecife. Enrique Ariño Gil
Trivium. Marcos Castillo Monsegur
El lenguaje de las ballenas. Begoña Abad
El libro de horas. Rainer Maria Rilke
Gran Guiñol. Miguel Ángel Ortiz Albero
Cantares y presagios. José Verón Gormaz
Marcha por el desierto. Sandra Santana
Una guitarra de contrabando. Gerardo Vacana
Diccionario de garzas y de mirlos. Pablo Javier Pérez López
Piedra y tijeras. Nacho Tajahuerce
#MedeaHaVuelto. Angélica Morales
Madres. Begoña Abad
Todas las moradas de mi aliento. Jacques Meylan
Razón de espera. Rafael Lobarte Fontecha

Poesía. Guido Cavalcanti
Tránsito. María Pilar Martínez Barca
Viejo. Sergio Gómez
Barro. Miguel Ángel Curiel
Historia del mundo antiguo. Joaquín Sánchez Vallés
Este día, este momento. Juan Pablo Roa
El miedo del doble a la soledad. Rosa Martínez
Un vuelo sin la mecánica adecuada. Pecker
Brioleta volumen 2. Poesía aragonesa en femenino. Carmen Aliaga, María Pilar Benítez Marco, Mar Blanco, Marta Domínguez Alonso, María Dubón, Ana Giménez Betrán, Reyes Guillén, Blanca Langa Hernández, Angélica Morales, Trinidad Ruiz Marcellán, Helena Santolaya y Carlota Urgel
Entre el huerto y el corral y otros versos. Gerardo Vacana
Cantar cuarenta. Cancionero completo 1983-2023. Gabriel Sopeña
Sálvida. Sofía Díaz Gotor
La fuerza de la tierra. Paula Martínez
Ahab. Antología poética. Carlos Ramos
Enseres del invierno. Miguel Carcasona
A la izquierda del padre. Begoña Abad
La muerte se llama Juan. Joaquín Sánchez Vallés
Y ¡PUM! Un tiro al pajarito. Sandra Santana
La vida de María. Rainer Maria Rilke
Lamia, Isabella, La víspera de Santa Inés y otros poemas. John Keats
Un abrazo fuerte. Homenaje al poeta David González. Patxi Irurzun y Nacho Tajahuerce (coords.)
Los puntos cardinales. Rafael Lobarte Fontecha

Libro ilustrado
El dibujante de relatos. Antón Castro y Juan Tudela
La península de Cilemaga. Helena Santolaya
Marcianos. Sergio Algora y Óscar Sanmartín
La odisea de Fortunato. Pere Inglés y David Girón
Las aventuras de Juan Lázaro. Rafael Yuste Oliete y Ricardo Pedro Polo Cutando

No ficción
Reconstrucción. Miguel Ángel Ortiz Albero
Sahara Occidental. Cuarenta años construyendo resistencia. Varios autores
Residencia y tránsito de las letras en Aragón. Fernando Aínsa
Diario de campo de un psicólogo en un club de fútbol. Luis Cantarero
Marcelino. Muerte y vida de un payaso. Víctor Casanova Abós
Aragón en el sistema solar. Carlos Garcés Manau
Los poetas malditos. Paul Verlaine
Poetas y poéticas. Ensayos. Amador Palacios
Del espejismo de la revolución a la venganza de la victoria. Guerra y posguerra en Barbastro y el Somontano (1936-1945). José María Azpíroz Pascual
Nerín. Memorias compartidas. Varios autores. Edición de Rafael Latre
Sahara Occidental. Del abandono colonial a la construcción de un estado. Varios autores
El hombre elefante. Frederick Treves
Pasaron por aquí. Antón Castro
Nacer para aprender, volar para vivir. Un acercamiento a la poesía de Begoña Abad. José María García Linares
¡Cállate, papá! Padres y violencias en el fútbol industrial. Luis Cantarero
Metodologías activas en el aula. Varios autores
Gamificación educativa. Varios autores
El viaje exterior. Ensayos censores IV. Manuel Martínez-Forega
Teruel. Otra dimensión. Juan Villalba Sebastián
Opiniones de mujeres. María Domínguez
La guerra de los robots. Cómo la tecnología está cambiando los conflictos armados. Francisco Rubio Damián
La escritura por venir. Ensayos sobre arte y literatura en los siglos XX y XXI. Sandra Santana
La vida al alcance de la mano. La discapacidad a través de mi historia. Álex Sánchez
El viaje exterior. Ensayos censores V. Manuel Martínez-Forega
El camino de la serpiente. Escritos ocultistas. Fernando Pessoa
La jota, aragonesa y cosmopolita. De San Petersburgo a Nueva York. Marta Vela
El bazar infinito. Rutas y mares entre Oriente y Occidente. Alberto Cebrián
Ríos que mueren sin mar. Viaje por las culturas de Asia central. Enrique Ariño Gil
Humanizar el fútbol. Deporte y transformación social. Julio Salinas y Luis Cantarero (coords.)
Tú eres antes que todo. Correspondencia de Ramón Acín y Conchita Monrás. Víctor Juan
Adolescentes del siglo XXI. Técnicas de liderazgo parental. Marisa Felipe
Aurora y la celiaquía. Laura Marín
Zaragoza. Historias de ida y vuelta. Miguel Mena
Aragón. Formas de ser. Miguel Mena
Viaje al mar. Diario de un nabatero. Kike Fernández
Un violinista en el Titanic. Tribulaciones de un heterodoxo. Ángel Garcés Sanagustín

Diario del último año. Florbela Espanca
Juan de Velasco, primer maestre de campo de la Ciudadela de Jaca. Marcos Mayorga
Creatividad de andar por clase. Asunción Porta
Albarracín. Un viaje en el tiempo. Juan Villalba Sebastián
Diálogos en cautividad. Antón Castro
Deambulatorio. Miguel Ángel Ortiz Albero
Mauricio Aznar y Almagato. La historia. Jaime González
Máquinas que cuentan historias. La inteligencia artificial y la literatura del futuro. Varios autores
Cincuenta estaciones europeas. Catedrales de la modernidad. Alfonso Marco
La jota, aragonesa y liberal. Zaragoza, Madrid y París. Marta Vela
Sexo, amor y revolución. Hildegart Rodríguez
En torno a Paris, Texas *de Wim Wenders*. Varios autores
Futbología. La cultura del fútbol industrial. Luis Cantarero
Eugenesia y natalidad. Hildegart Rodríguez

Infantil y juvenil
La Dama, el Duende y el Rey. Tres leyendas aragonesas. R. Malo, J. M. Tamparillas, D. Tejero y D. Guirao
Moflete, el elegante. Agustín Porras y Arturo García Blanco
La ardilla poeta y el futuro del planeta. Pilimar Aguilar y Xcar Malavida
Moflete ya sabe contar. Agustín Porras y Arturo García Blanco
Agentes del futuro. María Frisa y Xcar Malavida
Minicó dice no. Nerea Mur
El príncipe que cruzó allende los mares. Roberto Malo, Francisco Javier Mateos y David Guirao
De tu abrazo a las estrellas. Victoria Alcalde y Ruth Alarcón
Mocoloco y Flemalarga. Nines Barcelona y Nerea Mur
San Jorge y el dragón. Daniel Nesquens y David Guirao
Antes de las nueve. Pablo Ferrer, Paula Figols, Marina Santos, Christian Peribáñez y Zaira Andrés
Erny, el monstruo de la Laguna Negra. María Álvarez e Irene Campos
Lex, el Tiranosaurio Rex. Roberto Malo, Daniel Tejero y Blanca Bk
La ardilla poeta y su libro de recetas. Pilimar Aguilar y Xcar Malavida
Un viernes soleado. Pepe Serrano y Raquel Samitier
Mika, el niño fantasma. Daniel Tejero y Bernal